# Richtig viel Entspannung

### Mein Übungsbuch für
### mehr innere Ruhe & entspannte Momente

### Hinweise

IN LIEBE
für meine Familie

Bibliografische Informationen der Deutschen Nationalbibliothek:
Die Deutsche Nationalbibliothek verzeichnet diese Publikation in der
Deutschen Nationalbiografie; detaillierte bibliografische Daten sind im Internet
über http: // dnb.dnb.de abrufbar.

**1. Auflage, Mai 2018,© Irmi Fa**

**Richtig viel Entspannung**

**Design und Text © Irmi Fa**

Herstellung und Verlag

BoD – Books on Demand, Norderstedt

Alle Rechte ausnahmslos vorbehalten.

ISBN: 9783752829235

Irmis Bücher sind erhältlich bei sämtlichen Buchhandlungen vor Ort, sowie in
Online - Shops

# Inhalt

Zeichne mich...

Entspannt  -  Atmungsübung "außer Puste"

Grinse Essen – Yummiefood

(Un)Entspanntes ich,... entspanntes ich

Qigonge dich absolut entspannt

Mein perfekter Tag

Es ist noch kein "Maler/Bastler" vom Himmel gefallen, aber trotzdem macht es Spaß

Zeit, gemeinsam etwas zu entdecken

Der Berg -  eine wundervolle ruhige Yogaposition

Der Baum – eine der schönsten Yogaübungen

Die gute Fee und deine drei kleinen Wünsche

Die gute Fee und deine drei kleinen Wünsche Teil 2

Fünf Dinge, die ich so richtig an mir mag

Die Hausputzliste

Sport?!

Sport?! - NEIN, danke. Hier kommt meine Wunschseite, was ich schon immer einmal ausprobieren wollte.

NATUR – hinaus in die Natur

NATURPUR – Teil 2, Garten, Schmetterlinge, Bienchen, Hummeln...

Filmparty!!

Nähe dir ein Glückstäschchen oder Glückskisschen

Worte für pure Entspannung

Über mich und meine Entspannung habe ich gelernt...
und was ich sonst noch so ausprobieren möchte

Und...

# LOS GEHT`S
# VIEL SPASS !!

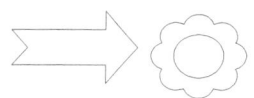 

P.S.: Alle Doodles, ob Herzchen, Blume oder Stern, sind so gestaltet, dass du sie wunderbar ausmalen kannst. Sollte dir einfach mal nach malen sein.

# Ein bisschen Einleitung vorab:

Wie wäre es mit Urlaub für die gestressten Gedanken?
Und richtig viel Ruhe auch im Alltag?

Gedanklich schon die Koffer gepackt? Urlaubsbereit? Wunderbar, wir begeben uns in diesem frischen Ausfüllbuch auf eine wundervolle Reise. Und werden uns ein riesengroßes, kuscheliges Schloss aus Kissen bauen, dort dürfen sich unsere gestressten Gedanken gemütlich ausruhen und wir legen in der Zeit gemütlich die Füße hoch und entspannen. Entspannung können wir überall finden, in einem guten Buch, bei einem schönen Spaziergang mit unserem Hund oder beim Gärtnern auf unserem Balkon oder Terrasse.

Hab einfach Vertrauen, die Entspannung wird sich bald bei dir ganz wie zuhause fühlen und sich wunderbar in deinem Leben einfinden. Genug der langen Worte, fangen wir an, unsere Entspannung zu suchen und zu füttern, sie ist nur ein bisschen schüchtern. Wir müssen sie nur hervorlocken mit kleinen Köstlichkeiten und so einigen selbstgemalten Bildern oder selbstgebastelten Dingen.

Denn was wir selbst zeichnen oder machen, können wir am besten visualisieren und für unser kleines Traumschloss besser gedanklich abspeichern.

Hab viel Vergnügen beim Lesen und ich wünsche dir viele **entspannte Momente.**

# Wo steckt deine Entspannung: lass uns sie einmal suchen

Hier kommen nun ein paar Fragen, um deiner Entspannung auf die Schliche zu kommen. Stelle fest, welcher Entspannungstyp du bist. Wo befindet sie sich und durch was lässt sie sich nähren? Vor was erschreckt sie sich und was mag sie gar nicht. Mal sehen, was deine Entspannung uns zu erzählen hat. Bitte die passenden Aussagen ankreuzen und dann im Lösungsteil entnehmen, welches Ergebnis dabei herauskommt bzw. welche Symbole du am häufigsten angekreuzt hast. Mischungen sind durchaus möglich.

**Entspannte Fragen:**

Deine Entspannung spiegelt sich auch in deinem Charakter wider. Erst wenn dir diese bewusst ist, kannst du die besten Entspannungswege für dich finden. Was denkst du, wie siehst du dich selbst?

Ich bin normalerweise eher.....:

○ ein in mir ruhender Mensch, ich bleibe stets gelassen **Blume**

○ kraftvoll aber, bei manchen Dingen reagiere ich schnell

gereizt **Stern**

○ stets aktiv und ich sammle immer viele Eindrücke **Herz**

Dass Entspannung ein individueller Eindruck ist, haben wir gerade festgestellt. Nun musst du einmal darauf achten, auf welche Art deine Ruhephase am schnellsten eintritt.

Entspannung erhalte ich, wenn:

○ ich einfach ich sein kann **Blume**

○ ich Musik höre oder wenn ich einen guten Film sehe **Stern**

○ ich mich körperlich bewege, wie Gärtnern oder mit dem

Hund Gassi gehen **Herz**

Um deinem Entspannungstyp am ehesten auf die Spur zu kommen, frage andere wie sie dich sehen. Oder vielleicht hörst du immer wieder dieselben positiv lobenden Worte über dich. Überlege einmal:

Das sagen andere über mich:

O  auf mich ist im positivsten Sinne Verlass      **Blume**
O  ich weiß mich durchzusetzen, wenn mir etwas nicht gefällt
**Stern**

O  mit mir ist es immer lustig und es gibt viel zu lachen
**Herz**

Ich würde sagen, zur Entspannung zählt auch meistens angenehme Ruhe. Die Vöglein zwitschern, es duftet gut, was will man mehr.

Doch dann fangen genau in diesem Moment die Nachbarskinder an Halligalli zu machen. Wie reagierst du?

Ich würde sagen, zur Entspannung zählt auch meistens ein tolles Hobby oder einfach Freizeit. Das Wetter ist super, die Sonne scheint, es ist Wochenende.

Doch dann stellst du fest, du musst noch etwas für die Schule / Job erledigen oder aufräumen. Wie reagierst du?

Wie reagierst du darauf?:

O auf Dauer langsam, aber sicher genervt **Blume**

O es stresst mich schon, wenn ich nur daran denk. **Stern**

O kommt darauf an, wenn es den ganzen Tag beansprucht, nervt es sehr, ansonsten nicht schlimm **Herz**

Wo verbringst du am liebsten Urlaub. Denn dort entspannt man ja geglaubt am häufigsten.

Ich verreise am liebsten:

O in die Natur. Ohne viele Urlauber um mich herum **Blume**

O gar nicht, mein zuhause ist mein liebstes Urlaubshotel **Stern**

O    an verschiedene Reiseziele, bin aber auch genauso gerne

daheim    **Herz**


Dein liebstes Reiseziel hätten wir geklärt, doch was ist deine

Lieblingsbeschäftigung in deinem Urlaub.

In meinem Urlaub:

O gehe ich gerne Wandern, spazieren mit meinem Hund

**Blume**

O    höre ich gerne Musik oder beschäftige ich mich kreativ

**Stern**

O    sehe ich mir gerne verschiedene Sehenswürdigkeiten an

**Herz**

# Ergebnis:

Am häufigsten habe ich **Blume** angekreuzt:

Entspannungstyp: ruhiger Baum, sehr natürlich, braucht nicht viel, Natur pur

Du bist ein sehr ausgeglichener, ruhiger Mensch. Deine Fröhlichkeit und Bescheidenheit ist ein großes, wundervolles Plus. Deine Entspannung findet sich am häufigsten bei Spaziergängen in der Natur oder einfach wenn du auf deinem Balkon oder auf deiner Terrasse sitzen kannst. Du brauchst keine Aktion, um glücklich zu sein. Ruhe ist deine Entspannung.

Am häufigsten habe ich **Stern** angekreuzt:

Entspannungstyp: sprudelndes Quellwasser, braucht erst eine Zeit sich zu entspannen, die Anspannung komplett herunterzufahren, sehr kreativ

Du bist ein sehr freundlicher Mensch, weißt aber andere schnell

in ihre Grenzen, wenn sie deine übertreten. Was durch aus positiv ist, denn für deine offenen Worte wirst du sehr geschätzt. Deine Entspannung befindet sich meist dort, wo du mit deinen Sinnen etwas machen kannst. Zum Beispiel im fröhlichen

Tanzen durch dein Wohnzimmer oder beim Malen wunderschöner farbiger Bilder von der Natur.

Am häufigsten habe ich **Herz** angekreuzt:

Entspannungstyp: wiegendes Gras im Wind, kann häufig schnell und durch verschiedene Reize abschalten, braucht immer wieder Neues, sonst könnte bald Langeweile auftreten.

Du bist ein sehr aufgeschlossener Mensch, der gerne auf andere zugeht. Scheu kennst du nicht und dir ist auch nichts peinlich. Ganz im Gegenteil, du probierst gerne Neues aus. Hier kannst du deine Entspannung finden. Vielleicht gibt es eine neue Bewegungsform, die du schon immer einmal ausprobieren wolltest, wie z.B. Qigong. Oder sogar ruhigere Sachen, wie Bastelarbeiten können dich auch begeistern, du musst nur das Richtige für dich finden.

# WAS IST DEINE ABSOLUTE, SUPER DUPER LIEBLINGSFARBE

Schweinchenrosarot, sommerwaldgrün und veilchenblau...Es gibt sooo viele wunderschöne Farben und auch Farben haben ihre eigene Bedeutung. Welche ist deine Lieblingsfarbe? Schreibe hier deine Lieblingsfarbe auf und widme ihr ein Gedicht. Psst..., fülle diese Seite komplett mit einem Farbstift in deiner Lieblingsfarbe aus. ;D In ganz gestressten Situationen stelle dir zur Entspannung deine Farbe vor.  Fülle am besten diese Seite mit deinem Buntstift aus und auf der gegenüberliegenden Seite malst du alles auf, wo deine Lieblingsfarbe vorkommt. Viel Spaß bei deiner kunterbunten Reise.

Meine Lieblingsfarbe

ist:_____

Was macht diese Farbe so

besonders:_____

_____

_____

_____

_____

_____

_____

_____

Hier kann ich meine Farbe am meisten finden (z.B.

Natur):_____

_____

_____

—

Diese Gegenstände habe ich in meiner

Lieblingsfarbe:_____

_____

_____

Mein Gedicht an meine

Lieblingsfarbe:_____

_____

_____

_____

_____

_____

_____

_____

_____

_____

Kunterbunte Farbreise:

# DUFT..., FRISCHER ROSENDUFT, KÖSTLICHER APFELBLÜTENDUFT, ACH UND VIELES MEHR

Orangenblüten, Sommerheuduft,...ah atme einmal. Was macht dich so richtig frei und beschwingt. Was ist dein absoluter Lieblingsduft? Hast du ihn vielleicht sogar als Parfüm? Nimm dir ein bisschen Zeit und schreibe hier alles auf, was du gerne um die Nase hast.

Am liebsten habe ich es, wenn es

nach_____

_____

_____

_____

_____riecht.

Ich finde das Schöne an diesem

Duft:_____

_____

_____

_____

_____



Diesen Duft habe ich zum ersten Mal

wahrgenommen:_____

_____

_____

_____

_____

_____

# LIEBLINGSGESCHMACK...prickelig sauer, lieblich süß und so richtig schön scharf

Scharfe Tapas, oder doch lieber süße luftig-lockere Sahnetorte...mmh, was darf es denn sein? Es gibt soooo köstliche Geschmacksrichtungen und eine ist immer unsere liebste. Essen ist wunderschön und schon alleine beim Reden, läuft einem doch das Wasser im Munde zusammen. Schreiben wir nun ein bisschen darüber.

Mein Lieblingsgeschmack

ist:_____

_____

_____

_____

Am liebsten esse ich ihn in Form

von:_____

_____

_____

_____

_____

_____

_____

Wann habe ich dies zuletzt gegessen und wie oft gönne ich mir

diesen feinen

Geschmack:_____

_____

_____

_____

_____

_____

_____

# BANANAS, PAPAJAS, ANANASTIME.....

Wo wir gerade so schön beim Thema Essen sind, hast du dir schon einmal vorgestellt ein Obst zu sein? Nein?? Noch nie?? Na dann, probiere es doch einmal aus bei einem deiner nächsten "Stressanfälle". Wie glaubst du, würdest du als Obst aussehen und wie würde wohl dein Lieblingsobst in dieser vermeintlich anstrengend stressigen Situation reagieren? Halt hier deine "Erfahrungen" fest.

Wenn ich ein Obst wäre, wäre ich

ein/e:_____

Warum wäre ich diese Sorte von

Obst:_____

_____

_____

_____

Wie reagiere ich wohl dann auf stressige Momente, was wäre

typisch für dieses

Obst:_____

_____

_____

_____

_____

_____

_____

Und weil du bestimmt ganz herrlich als Obst aussiehst, male

dich hier! Viel Spaß dabei:

# ENTSPANNT GEFÜHLT

Vielleicht ist dir schon einmal aufgefallen, wie toll sich manche Sachen anfühlen. Ein richtig kuschlig weicher Pullover, eine plüschige Decke, ein federleichtes Sommeroberteil. Hast du schon einmal bewusst gefühlt, was du so am Körper trägst? Probiere es aus, wenn du eine Minipause und sofortige Entspannung brauchst. Fühle bewusst hin. Wie sich die Socken an deinen Füßen anfühlen, ob irgendwo dich etwas einengt oder zwickt. Falls ja, ändere dies. Fühle dich entspannt und halte hier deine Eindrücke fest.

Wenn ich bewusst meine Bekleidung fühle, dann fällt mir

auf:_____

_____

_____

_____

_____

_____

Am wohlsten fühle ich mich

in:_____

_____

_____

_____


Ich mag dies so gerne,

weil:_____

_____

_____

_____

_____

_____

# PSSST...HÖR DOCH MAL

Psst... hör doch einmal! Gut, wenn nicht gerade die Nachbarskinder remmidemmi machen oder irgendwo gebaut wird, hört es sich manchmal nicht einfach toll an, nur der Natur zuzuhören? Vielleicht gibt es ja auch ein ganz besonderes "Geräusch", welches dich zur absoluten Entspannung bringt. Das Rauschen des Meeres oder Vogelgezwitscher? Es muss aber auch nicht immer Natur sein, vielleicht hast du ja auch eine Lieblingsmusik, die dich so richtig chillen lässt. Was hören deine Ohren und du am liebsten:

Am liebsten höre

ich:_____

Warum höre ich dies am liebsten, was ist daran so

besonders:_____

_____

_____

Gibt es auch noch anderes, was ich gerne

höre:_____

_____

_____

_____

_____

# WUFF, MIAU und MUHMUH...wer ist dein absoluter Liebling in deiner Vierbeinigen Familie

Tiere, sind Tiere nicht einfach wundervoll !! Sie sind weich, die meisten jedenfalls ;D absolute Lieblinge und einfach fantastisch. Was denkst du, wer ist dein absoluter Liebling in der weiten, großen, tierischen Familie? Vielleicht hast du ja selbst ein Haustier, dass dich so richtig von Herzen glücklich macht. Überlege heute einmal, was für ein Tier du wärst oder schreibe hierein über dein Haustier. Ganz viel Freude dabei!


Wenn ich ein Tier wäre, dann wäre ich

ein/e:_____

_____

_____

Beschreibe dein Lieblingstier näher, wie sieht es aus, was machte es für Laute

usw.:_____

_____

_____

_____

_____

_____

Was macht dieses Tier so besonders für

mich:_____

_____

_____

_____

_____

_____

Kann ich etwas lernen von meinem Tierchen, was ich in

Stresssituationen nutzen kann, um zu

entspannen:_____

_____

_____

_____

_____

_____

_____

Und hier nun Platz für dein Haustier und dich!

Ich habe folgendes

(Haus)tier:_____

Was ist das besondere an meinem

Tierchen:_____

_____

_____

_____

_____

_____

_____

Was ist unsere liebste Beschäftigung zu

zweit:_____

_____

_____

_____

_____

_____

# PLATZ FÜR FOTOS VON DIR UND DEINEM LIEBLING:

# ERFOLGREICH GEFUNDEN... was haben wir entdeckt

Nun sind wir schon einen ganzen Schritt weiter und du weißt mittlerweile, was dich prägt und wie du Entspannung finden kannst. Du hast deine Sinne befragt, was du gerne riechst, was du gerne isst und vieles mehr. Halte dein Gefundenes auf diesen Seiten fest, somit kannst du immer wieder nachsehen und hast in stressigen Momenten schnell einen Ankerplatz für deine Entspannung. Schreibe alles dazu auf, was dir auffällt und einfällt. Von Gerüchen bis zu Haustieren, alles, was dir auch nur für eine Sekunde ein glückliches Kribbeln im Bauch macht, ist auf dieser Seite genau richtig und herzlich willkommen.

Ich bin der Entspannungstyp

( siehe Test):_____

_____

_____

_____

Am meisten entspannt mich:

_____

_____

_____

_____

_____

_____

Dieser Geruch schafft es immer, ein Lächeln auf meine Lippen

zu

zaubern:_____

_____

_____

_____

_____

_____

Warum schafft dieser Duft dies und woran oder mit was verbinde ich es:

_____

_____

_____

_____

_____

_____

_____

_____

_____

Diese Farbe stelle ich mir vor, wenn ich an Ruhe denke:_____

_____

_____

Kann ich diese Farbe zu mir nehmen, in Form von Nahrung (z.B.

So kitzelig braungelb, wie eine

Ananas):_____

_____

_____

_____

_____

Mein Lieblingswort, welches mich sofort von gestressten

Gedanken ablenkt, ist (gerne auch Fantasienamen oder

Spitznamen aus

Kindertagen):_____

_____

_____

_____

_____

_____

Dieser Gedanke sichert mich und schafft mir Entspannung: (von

Haustieren, bis Urlaubsorten

usw.)_____

_____

_____

_____

_____

Als Kind hatte ich ein Stofftier, welches mir immer Ruhe

vermittelte, wie sah es aus und hieß

es:_____

_____

_____

_____

_____

Habe ich dieses Stofftier noch, wenn ja, hole ich es wieder

hervor, bzw. es geht auch

gedanklich:_____

_____

Was verbinde ich mit diesem Tier und von wem habe ich es

bekommen:_____

_____

_____

_____

_____

_____

Dies ist mein Entspannungsbringer, z.B. wenn ich mein Haustier

sehe oder eine wunderschöne Blume in meinem Balkonkasten

aufblüht:_____

_____

_____

_____

_____

_____

# DISNEY MOVIE TIME

Movie Time und zwar nicht irgendeine, sondern Disney Movie Time. Sind diese Filme nicht einfach wundervoll und wir kennen sie noch zu gut aus unseren Kindertagen. Disney Filme machen einfach Spaß und berühren uns. Wann hast du deinen Lieblingsfilm das letzte Mal angesehen, schon so lange her, dass du gleich eine ganze Zeit überlegen musst? Na, das geht nun wirklich nicht. Los geht´s, hol dir deinen Lieblingsdisneyfilm wieder hervor und mache es dir dabei so richtig gemütlich.

Dies ist mein absoluter LieblingsDisney

Film:_____

Wenn ich ihn ansehe, dann bin ich total entspannt, suuuper

glücklich:_____

_____

_____

Mein Lieblingscharakter daraus

ist:_____

_____

_____

_____

_____

_____


Was kann ich von diesem Charakter lernen und mir auch

aneignen, was mir in meiner persönlichen Entspannung

weiterhilft (Lieblingszitat oder Geste, Einstellung

usw.):_____

_____

_____

_____

_____

_____

# BOOKSTORIES.....

Für kleine Leseratten gibt es nichts Entspannenderes als zu lesen, Bücher, Hefte, Magazine.... Lesen ist wie ein kleiner Kurzurlaub und Balsam für die Seele. Schreibe hier auf, was deine Lieblingsbücher sind und vielleicht kann dir das eine oder andere ja in gestressten Situationen zu einem superentspannten Ich helfen. Probiere es einfach mal aus!

Mein Lieblingsbuch oder Magazin

ist:_____

Habe ich davon mehrere Ausgaben, wenn ja, wie viele bzw. gibt es davon noch mehr

Bände:_____

_____

_____

Was mag ich so gerne

daran:_____

_____

_____


Gibt es noch anderes, was mir entspannte und glückliche

Lesemomente verschaffen

kann:_____

_____

_____

_____

# DEIN ABSOLUTES SUPER-DUPER TRAUMURLAUBSPARADIES

Sonnenbrille, Sommerhut und einfach faulenzen. Oder bist du lieber im stürmischen Nass mit einem Rucksack unterwegs, vielleicht auf einer Insel oder in den Bergen? Egal für was dein Urlausherzchen schlägt, es gibt dir Unmengen von Energie und Entspannung pur. Wie wäre es, wenn du deine letzten Urlaubsfotos oder die von deinem absoluten Lieblingsurlaub hervorholst. Stöbere darin herum und sauge deine Erlebnisse wieder auf. Ist es nicht einfach schön? Vielleicht hast du ja auch ein absolutes Traumurlaubsparadiesziel, wo du noch nicht warst, aber wovon du immer träumst. Informiere dich darüber und lasse dir Infomaterial zuschicken. Vielleicht bastelst du dir ja auch ein kleines, besonderes Sparschweinchen (bitte wenn es soweit ist, nicht zerhauen, sondern unten wieder öffnen ;D) und sparst bewusst für deinen absoluten Traumurlaub. Bekleb es mit Ausschnitten deines Lieblingsurlaubsparadieses. Genieße das Schwelgen in der Vorfreude. Mache einfach eine gedankliche Traumurlaubsparadiesreise und siehe wie entspannend dies ist.

Mein absolutes Traumparadies

ist:_____

_____

_____


Ich war dort schon / bzw. habe fest vor, dort

hinzufahren:_____

_____

_____

_____

_____


Was ist dort so

besonders:_____

_____

_____

_____

_____

Was kann ich dort alles unternehmen und was möchte ich dort unbedingt

machen:_____

_____

_____

_____

_____


Wer verreist mit

mir:_____

Heute, am_____habe ich mein

Supertraumurlaubsparadies Sparschweinchen,

namens_____wunderhübsch

dekoriert. Es sieht nun wunderschön

nach_____aus. Und ich

spare für meinen Urlaub, mit ganz viel Freude,

in_____

_____. Es macht mir ganz viel Spaß es richtig gut zu füttern

und dann verreisen wir zu zweit.

# JETZT WIRD`S KREATIV BIS ZUM ABWINKEN

So nun wissen wir, was uns entspannt und worin wir Entspannung finden können. Doch wie genau sieht eigentlich unsere Entspannung aus. Auch sie hat ein Gesichtchen und ist ein lebendiges Wesen, was einmal mehr oder weniger von dir erhört wird. In dieser Übung schenken wir ihr, also deiner Entspannung, ein wunderschönes Äußeres und vielleicht sogar einen Ort, an dem sie wohnt. So haben wir jederzeit die Möglichkeit, unsere Entspannung zu besuchen. Und dies kann sehr heilsam in stressigen Momenten sein, denn wir können sie auch fragen, welche Botschaft sie für uns hat. Los geht´s.

(In der Übung gehen wir von einem Entspannungstierchen aus, aber es kann sich dir in jeder Form zeigen.)
Setzte dich nun für einen ruhigen Moment bequem hin. Achte darauf, dass es gemütlich ist und dich absolut entspannt. Vielleicht sogar bei offenem Fenster oder im Garten möchtest

du diese Übung machen. Schließe deine Augen und nun gehe gedanklich zu deinem Entspannungstierchen. Vielleicht kommt es

dir auf einer Wiese entgegen oder in einem Wald. Wahrscheinlich wird es sich ziemlich schnell zeigen. Wenn es dich dann nun höflich anblinzelt, spreche es freundlich an und bitte es, dir seinen Namen zu sagen. Entschuldige dich doch ein bisschen dafür, dass du es so lange ungesehen gelassen hast. Du wirst sehen, es wird dir nicht böse sein. Nun bittest du dein Entspannungstierchen um Erlaubnis, ihr oder ihm in sein Reich folgen zu dürfen. Dort setzt ihr euch an einem gemütlichen Platz.

Nun lass es von sich erzählen. Was macht es gerne am Tag, hat es Freunde? Nachdem du dich in seinem Reich umgesehen hast, lächelst du

dein Entspannungstierchen an und bittest es um eine ganz persönliche Botschaft, die es für dich bereithält. Es kann sein, dass es in Symbolen zu dir spricht, dir etwas in die Hand legt oder dir sogar einen Zettel mit geschriebenen Worten übergibt.

Bedanke dich bei deinem Tierchen. Umarme es und versprich ihm, dass du ab nun öfter zu Besuch kommen wirst. Dann öffnest du deine Augen wieder, atme tief und entspannt. Nimm dir so viel Zeit wie du möchtest, komme ganz im hier und jetzt wieder an.

Danach schreibe alles auf, was dir aufgefallen ist und was die Botschaft deines Entspannungstierchens für dich ist. Diese gedankliche Reise kannst du immer wieder machen, vor allem dann, wenn du dich extrem gestresst fühlst oder einen Rat brauchst.

Mein Entspannungstierchen
heißt:_____

Es ist ein (Tierchen, Monsterchen, Pflanze, Baum, Troll...):_____
_____
_____

_____

_____

_____


Wie sieht es aus, beschreibe es ganz genau, von Augenfarbe bis

Fellchen

usw.:_____

_____

_____

_____

_____

_____


Die Lieblingsfarbe von meinem Entspannungstierchen

ist:_____

_____

_____

Am Liebsten isst

es:_____

_____

_____

_____

_____

Sein liebstes Hobby ist

es:_____

_____

_____

_____

_____

_____

Es wohnt:

_____

_____

Wie sieht es dort

aus:_____

_____

_____

_____

_____

Hat es Freunde oder Haustiere, Blumen

dort:_____

_____

_____

_____

_____

Besitzt dein Entspannungswesen ein ganz besonderes

Merkmal:_____

_____

_____

_____

_____

_____

_____

_____

Die Botschaft deine Entspannungstierchens für dich:

_____

_____

_____

_____

_____

_____

_____

# ZEICHNE MICH...

Jetzt weißt du schon eine Menge und hast auch viel geschrieben und gegrübelt. Nun wird es Zeit, einfach mal loszulassen und zu malen. Male dein Entspannungstierchen. Hab keine Angst davor, es soll keine Zeichnung nach den alten Meistern werden, sondern einfach das, was du möchtest. Wie sieht es aus und wo wohnt es? Zeichne dies auf diese Seite in den schönsten bunten Farben.

# ENTSPANNT - ATMUNGSÜBUNG "außer Puste"

Diese Übung ist ganz einfach und du kannst sie überall ausführen. Im Fahrstuhl, wenn du eine kurze Entspannung brauchst, bevor du wieder auf nervige Kollegen triffst. Oder einfach draußen im Garten oder bei einem gemütlichen Spaziergang. Übe diese Übung immer dann, wenn sie dir einfällt, so kann sich dein Körper gleich darauf einstellen. Und wie gesagt, vielleicht machst du gerade etwas Schönes, wie Gärtnern, dann verbinde dies gleich mit dieser Atemübung. So lernt dein Körper durch innere Bilder + der Sonnenschein in deinem Gesicht + die gut duftende Sommerwiese und diese Atemübung = Entspannung.

Diese Übung kommt ursprünglich aus dem Pilates und kann im Stehen sowie im Sitzen ausgeführt werden. Beobachte genau den Atem und wie du dich fühlst. Stelle oder setze dich locker hin, wenn du möchtest, kannst du die Augen schließen, ist aber kein muss. Atme nun entspannt ein und beim nächsten Ausatmen pustest du die Luft durch deine leicht geöffneten Lippen, wie wenn du Pusteblumenschirmchen pusten möchtest, aber nur ganz zart aus. Mache diese Übung so lange wie sie dir gut tut. Atme nicht zu schnell, sonst könnte dir etwas schwindelig werden. Lasse den Atem ganz normal kommen und gehen.

Diese Übung hat mir folgendes

gebracht:_____

_____

_____

_____

_____

_____

Am leichtesten fiel es mir mit geschlossenen/ offenen

Augen:_____

_____

Dabei habe ich folgendes Bild/ inneres Bild, welches mir

zusätzlich noch hilft zu

entspannen:_____

_____

_____

_____

_____

_____

_____

_____

_____

_____

_____

# GRINSE ESSEN - YUMMIEFOOD

Manche nennen es Soulfood, ich finde "Essen, das glücklich macht" auch nicht schlecht. ;D Daher wird heute einmal gekocht. Was ist dein Lieblingsessen, das dich so richtig glücklich macht? Überleg einmal, ist es ein bestimmtes Rezept oder gibt es dein absolutes Yummie-glücklich Essen in einem Restaurant oder aus deinem letzten Urlaub, was so richtig köstlich war? Heute sollst du deinem Körper einmal richtig gutes Essen schenken. Denn die Seele freut sich über gutes Essen und das ist Entspannung pur. Mit dieser Übung möchte ich dir beibringen, dass Essen wirklich glücklich macht. Und nicht gut ist, wie es die Medien darstellen, um einem Schlankheitstrend zu folgen, der echt nicht gesund ist. Essen ist toll! Seien wir dankbar, dass wir Essen haben und auch an Früchte herankommen unter der Jahreszeit, obwohl es nicht Saison ist. Frisch kochen lohnt sich, für dich, für deinen Geist und für deinen Körper. Koche bewusst. Siehe dir jede Zutat ganz genau an und bearbeite sie bewusst. Nimm sie in jedem kleinesten Detail war.  Also, ab in die Küche und losgekocht.

Dieses Essen macht mich total

glücklich:_____

Wo habe ich es zum ersten Mal

gegessen:_____

Warum ist es mein

Lieblingsessen:_____

_____

_____

_____

_____

_____

_____

Wer kann es am besten kochen/ backen:

_____

Wenn ich an den frischen Zutaten rieche, kommt mir folgendes

Bild in den

Kopf:_____

_____

_____

_____

_____

_____

_____

_____

_____

_____



Was gibt es Neues, was ich einmal ausprobieren möchte,

vielleicht sogar vegan

kochen:_____

_____

_____

# (UN)ENTSPANNTES ICH ;)

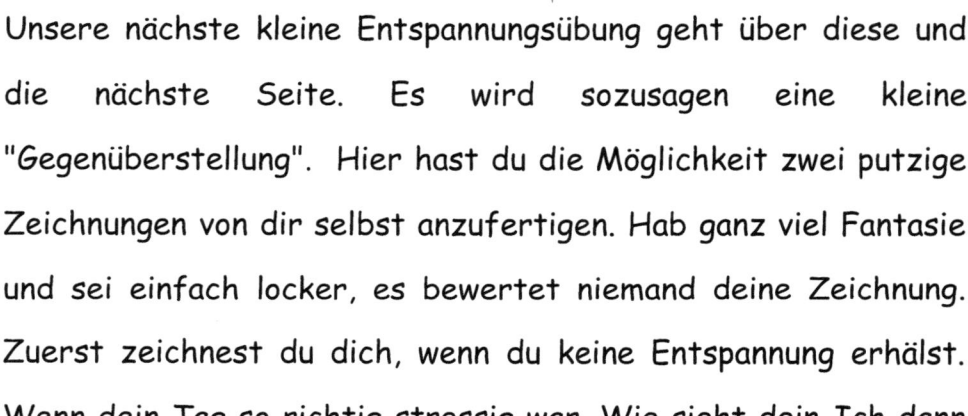

Unsere nächste kleine Entspannungsübung geht über diese und die nächste Seite. Es wird sozusagen eine kleine "Gegenüberstellung". Hier hast du die Möglichkeit zwei putzige Zeichnungen von dir selbst anzufertigen. Hab ganz viel Fantasie und sei einfach locker, es bewertet niemand deine Zeichnung. Zuerst zeichnest du dich, wenn du keine Entspannung erhälst. Wenn dein Tag so richtig stressig war. Wie sieht dein Ich dann aus.

# .....ENTSPANNTES ICH

Auf der anderen Seite zeichnest du nun dich, total tiefenentspannt. Wie frisch aus dem Urlaub. Wenn du fertig bist, sieh dir deine Zeichnungen genau an. Was fällt dir auf und vor allem welche gefällt dir besser ;D. Präge dir dein "Happy-Ich" gut ein und rufe es immer wieder hervor, wenn du Stress hast und du eine schnelle Entspannungsphase brauchst. Viel Spaß!

# QIGONGE DICH ABSOLUT ENTSPANNT

Qigong, meine liebste asiatische Bewegungsform neben Yoga. Es ist einfach wundervoll, mit den kleinsten Mitteln ist es möglich, wieder dein gestresstes Chi in die richtigen Bahnen zu lenken. Probieren wir es gleich einmal aus. Frische mit dieser Übung dein müdes ich auf. Stelle dich, die Beine leicht hüftbreit auseinander, aufrecht hin. Die Knie ganz leicht gebeugt. Nun atmest du ein und aus. Ein durch Nase, aus durch den Mund, wie wenn du zart ein Pusteblumenschirmchen pusten möchtest. Beim nächsten Einatmen lässt du leicht deine Hände nach oben kommen. So wie wenn ein Wölkchen sie ganz sanft nach oben drückt. Und beim Ausatmen ist die Wolke unter deinen Händen verschwunden und sie sinken wieder langsam abwärts. Du kannst dir auch vorstellen, dass all dein Stress in dieser wunderhübschen flauschigen rosa Wolke ist und mit dem Ausatmen schwebt sie zum Himmel und all dein Stress ist weg. Mache diese Übung so lange, wie sie dir gut tut. Halte danach kurz inne und schreibe danach auf, was du festgestellt hast und wie die Übung auf dich wirkt.

# MEIN PERFEKTER TAG

Eine ganze Seite für dich alleine. Hier schreibe deinen perfekten Tag auf. Wie sieht er aus vom Aufstehen bis wieder zum zu Bett gehen. Beschreibe diesen ganz genau in jedem Detail und lasse dir Zeit dabei. Verreise gedanklich und mache einen Kurzurlaub vom Alltag. Und nicht vergessen, Handy ausschalten! ;D Denn wir sind jetzt nicht zu erreichen.

# ES IST NOCH KEIN "MALER/BASTLER" VOM HIMMEL GEFALLEN, ABER TROTZDEM MACHT ES SPASS

Malen nach Zahlen, malen auf Papier, malen auf Leinwand, malen mit den Fingern, malen mit Wasserfarben.....und und und. Basteln mit Holz, basteln mit Fundmaterialien, Kleben, Schneiden, mit Glitzersteinen verzieren. Es gibt unzählige Varianten zu malen, zu zeichnen und auch zu basteln. Probiere es einfach aus, vielleicht wird es dein neues Hobby. Du kannst dir beispielswiese eine Landschaftszeichnung vornehmen oder du malst eine schöne Blumenvase ab. Du kannst ein Feenhäuschen basteln oder bastelst dir etwas aus Fundsachen von deinem letzten Urlaub. Deiner Fantasie sind keine Grenzen gesetzt. Versuche es einfach und schreibe danach auf, was es dir gebracht hat und ob du dabei bleiben möchtest. Falls ja, es gibt sehr günstige Anbieter von Zeichen- und Bastelbedarf online. Probiere aus, ob du lieber der Pinsel- und Wasserbechertyp bist oder vielleicht doch eher der Stift und Papier, der Wolle und Häkelnadeltyp oder doch lieber Schere und Papier. Meist liegt einem eine Art sich kreativ zu beschäftigen mehr.

Zeichen dein Bild oder deine hübsche Bastelarbeit hier rein. Viel Freude beim kreativ sein.

Ich habe mit folgenden Farben und Materialien gemalt/ gebastelt:_____

_____

_____

_____

_____

Was habe ich dabei

entdeckt:_____

Welche neue Farben / Bastelmaterialien möchte ich ausprobieren oder dabei

bleiben:_____

_____

# BILD MEINES "KUNSTWERKES":

# ZEIT, GEMEINSAM ETWAS ZU ENTDECKEN

Mädelstag! Heute ist Mädelstag und zwar wird heute einmal gemeinsam entspannt. Also, alle Mamas, Schwestern, Freundinnen, Tanten, Cousinen usw. einladen und los geht der Spaß. Wie wäre es, wenn ihr gemeinsam ein neues Hobby ausprobiert. Oder vielleicht gibt es euer Treffen tatsächlich bereits einmal wöchentlich und ihr strickt oder häkelt gemeinsam bei guter Laune, Naschereien und vielen Gesprächen? Das ist fantastisch! Schreibe hier mit Datum auf, wer alles kam und was ihr gemacht habt. Gerne mach Fotos von eurem lustigen Beisammensein und klebe sie hier ein. Du wirkst schnell merken, wie gut solche Treffen einem tun.

Heute, am_____haben wir, das

sind_____uns zu einem lustigen

Mädelstag getroffen.

Wir

haben_____gemacht

Was war am lustigsten heute?

_____

_____

_____

_____

_____

_____

Trefft ihr euch bald wieder?

_____

Fotos :

# DER BERG - EINE WUNDERVOLLE, RUHIGE YOGAPOSITION

Der Berg, keine Yogaübung trifft den Inbegriff von dieser Bewegungsform besser auf den Nagel als diese. Nämlich "in der Ruhe liegt die Kraft". Der Berg ist leicht auszuführen und trotz allem so kraftvoll und birgt so viel Entspannung in sich. Probieren wir es gemeinsam aus.

Mit leicht geschlossenen Beinen aufrecht hinstellen. Wenn du möchtest, kannst du die Augen dazu schließen. Dein Blick ist ansonsten geradeaus gerichtet. Die Zehen, Ferse und Ballen fühlen den kraftgebenden Untergrund. Wie ein Schwämmchen saugen sie diese Stärke in sich auf. Atme ganz ruhig und entspannt weiter und falte nun die Hände vor deiner Brust in Gebetshaltung (Namaste - Gruß) zusammen. Die Handflächen und die Fingerspitzen berühren sich. Spüre, wie du immer größer wirst und in die Höhe wächst, wie ein Berg, bei jedem Atemzug. Das Kinn liegt nicht auf der Brust, sondern ist gerade gerichtet. Die Schultern fallen entspannt nach hinten unten und der Kopf sitzt locker. Nun den Bauchnabel ganz leicht nach innen ziehen.

Nicht ins Hohlkreuz fallen, sondern sich vorstellen, du hättest einen wunderschönen Wasserkrug auf dem Kopf zu balancieren.

Der nur dadurch gehalten werden kann, wenn dein Kopf und die Wirbelsäule in einer lockeren Wirbel- für Wirbelpäckchen aufeinandersitzenden Position halten, ohne zu verkrampfen. Wie eine freundliche Dame aus der Karibik, lächle und spüre den Sonnenschein in deinem Gesicht. Und vergiss nicht, wenn du deine Position wieder löst, immer noch einmal kurz nachzuspüren in die Kraft des Berges. Bedanke dich am Ende mit dem

Namaste – Gruß.

# DER BAUM-EINE DER SCHÖNSTEN YOGAÜBUNGEN

Diese Yoga Übung ist eine sehr angenehme, ohne große Anstrengung. Wichtig ist bei Yoga, das jeder die Bewegung so ausführt, wie es für den eigenen, individuellen Körper angenehm ist. Keine Übertreibungen und auch kein "wer schafft es, diese Position länger zu halten". Bei Yoga gibt es kein Konkurrenzdenken, wie es oft falsch vermittelt wird. Ist das nicht ein schöner Gedanke, einfach so sein zu können, wie man ist? Diese Übung beginnen wir aus der Übung "der Berg" heraus. Wir stehen im aufrechten Stand mit leicht angewinkelten Knien, hüftbreit die Füße auseinander. Atme leicht ein und aus durch die Nase. Fühle die Stärke, die unsere Füße aufnehmen, die Kraft der Natur fließt durch uns. Verlagere nun dein Gewicht auf die linke Seite. Beuge dein rechtes Knie und bringen die Fußsohle sanft an den linken Knöchel, das linke Schienbein oder an den linken Oberschenkel. Nur so weit, wie du es kannst. Gerne darfst du deinen Fuß mit Hilfe deiner Hand an die gewünschte Stelle bringen. Hauptsache ist, dass beide Hüftknochen weiterhin parallel ausgerichtet sind und nach vorne zeigen.

Achte darauf, für dich eine bequeme Stelle gefunden zu haben und vor allem, dass du keine Schmerzen in dieser Position hast. Bei der nächsten Einatmung hebe die geöffneten Arme über den Kopf. Ausatmen und die Schultern nach hinten unten senken. Konzentriere dich nur darauf, ein Baum zu sein. Kraftvoll und doch beweglich und nicht starr im Wind. Fühle seine Energie. Speichere diese in deinen Zellen ab. Halte diese Position fünf tiefe Atemzüge lang. Nach kurzer Zeit löse beim nächsten Ausatmen die Arme. Bringe dich wieder in eine normale, entspannt "hängende" Position. Dann atme wieder ein und beim nächsten Ausatmen löst du nun das rechte Bein von deinem linken Innenschenkel. Langsam gleitet es wieder zum Boden hinab. Atme ein paar Mal entspannt ein und aus. Dann ist das linke Bein an der Reihe.

Und vergiss nicht, wenn du deine Position wieder löst, immer noch einmal kurz nachzuspüren in die Kraft des Baumes. Bedanke dich am Ende mit einem

Namaste – Gruß.

# DIE GUTE FEE UND DEINE DREI KLEINEN WÜNSCHE

Glaubst du an Feen und ihre bezaubernde Fähigkeit, Wünsche zu erfüllen? Denn hier hast du die Möglichkeit, deine drei Wünsche zu verewigen. Mache dir Gedanken, was sind deine Herzenswünsche und trage sie in einen Brief an die liebe gute Fee hier ein.

Liebe gute Fee_____, (trage hier ihren Namen ein) danke, dass du dir Zeit nimmst für meine drei Wünsche. Ich wünsche mir bitte:

1. Wunsch:_____

_____


2. Wunsch:_____

_____

3.Wunsch:_____

_____

Nun schreibe in deinem Brief weiter, warum du dir diese drei "Dinge" wünschst und was sie dir bedeuten. Ganz zum Schluss dankst du deiner lieben guten Fee und unterzeichnest ihn mit deinem Namen. Wenn du magst, kannst du dir diese Seite herauskopieren und dann entweder unter dein Kopfkissen legen oder in dein Nachtkästchen.

# DIE GUTE FEE UND DEINE DREI KLEINEN WÜNSCHE

Brief:

_____

_____

_____

_____

_____

_____

_____

_____

_____

_____

_____

_____

_____

_____

_____

_____

# DIE GUTE FEE UND DEINE DREI KLEINEN WÜNSCHE , TEIL 2

Weißt du wie deine gute kleine Fee aussieht? Ja, dann mach dir den Spaß sie hier zu zeichnen. Male sie in bunt mit Glitzern oder verschönere sie mit Aufklebern. Mache es so wie es dir gefällt, du wirst sehen wie viel Spaß und Entspannung dir deine kleine Fee schenken wird.

# FÜNF DINGE, DIE ICH SO RICHTIG AN MIR MAG

Hast du gewusst, dass deine eigene Einstellung zu dir einen sehr großen Beitrag zu deiner Entspannung beiträgt? Wenn du dich vollkommen und ganz akzeptierst, dich wunderschön findest und nicht mit anderen wertest, ist das ein RIESENgroßer Schritt zu deiner persönlichen dauerhaften Entspannung. Finde es heraus, was dich so richtig einzigartig und vollkommen macht und was du soooo richtig dolle an dir magst. Viel Spaß dabei und sei einzigartig!

Was macht mich so richtig einzigartig und

wundervoll:_____

_____

_____

_____

_____

_____

Warum gibt es das ein oder andere, was mich stört und wie kann ich es voll annehmen und akzeptieren:_____

_____

_____

_____

_____

_____

_____

Fünf Dinge, die ich an mir soooo richtig dolle mag!!

1._____

_____

2._____

_____

_____

3._____

_____

_____

4._____

_____

_____

5._____

_____

_____

und vielleicht gibt es da ja noch viel, viel mehr. Hier kommt Platz

dafür:

# DIE HAUSPUTZLISTE

:D Ich sehe dich gerade stöhnen und denken, oh nein, was hat in einem Entspannungsbuch eine Hausputzliste zu suchen. Keine Sorge, es ist ja nicht die "Hausputzliste", sondern eine besondere. Heute werden wir einmal erforschen, was deine Entspannung blockiert und somit machen wir einen "Hausputz", alles was dir keine Entspannung bringt, ist also nicht gut für dich. Versuchen wir, es gemeinsam herauszufinden, was dir beim alltäglichen Entspannen hilft und was weg kann.

Siehe zuerst noch einmal nach, welcher Entspannungstyp du bist. Und nun nehme dir jetzt ein bisschen Zeit. Setze dich irgendwo hin, wo es schön ist und du nicht abgelenkt wirst. Überlege nun deinen normalen Tagesablauf, was fällt dir auf? Was stört dich? Stört dich beispielsweise schon die Melodie des Weckers in der Früh. Schreibe dies unten in die Hausputzliste, denn diese Dinge kannst du ändern. Schreibe dann in die darauffolgenden Zeilen, was du stattdessen nutzen kannst. Wie bei unserem Beispiel "Wecker", vielleicht einen Neuen zu kaufen, der Naturtöne spielt.

Oder vielleicht ist dein Wecker auch haargenau auf die Zeit eingestellt, so dass dir keine Minute mehr in deinem gemütlichen Bett bleibt, um richtig wach zu werden. Stelle deinen Wecker 5 Minuten vor. So hast du noch genügend Zeit, entspannt wach zu werden. Denke bei dieser Übung immer daran, dass du ein Individuum bist und keinem Trend folgen musst, wenn er dir Stress bringt. Also, wenn dich dein Smartphone Unmengen Nerven kostet und du nur eines hast, weil es alle haben. Weg damit. Es gibt immer noch die guten "alten" Handys. Steh dazu und du wirst sehen, wie fantastisch es sich anfühlt, nämlich befreit. Trifft übrigens auch auf lästige Mitmenschen zu, nimm dir einfach mal Pause von denen, die dich nerven. Antworte nicht auf ihre Smsen usw. Überprüfe deine Gefühle, tut mir dieser Mensch gut, ja oder nein. Übung verstanden, auf geht´s.

Meine Hausputzliste:

- Meine Entspannung blockiert_____stattdessen werde

ich ab heute_____

- Meine Entspannung

  blockiert_____stattdessen

  werde

ich ab

heute_____


- Meine Entspannung

  blockiert_____stattdessen

  werde

ich ab

heute_____


- Meine Entspannung

  blockiert_____stattdessen

  werde

ich ab

heute_____

# SPORT?!

Sport, was ist eigentlich noch Sport? Mittlerweile wird man an jeder Ecke daran erinnert, mach dieses für deinen Körper, mach jenes im Fitnessstudio, geh laufen am Wochenende. Aber bringt dies wirklich Entspannung? Meist lautet die Antwort NEIN! Und warum, weil wir dies tun, was alle tun. Wir hetzen den Trends nach, wir messen uns figürlich an irgendwelchen "Vorbildern" oder an Freundinnen. Ich frage mich immer, warum vergessen wir immer, dass wir Individuen sind? Wir haben ja auch schließlich nicht alle dieselbe Augenfarbe und schon gar nicht dieselben Frisuren. Und genauso handhabt es sich mit allem, auch mit Sport. Wie wäre es daher, wenn du nun einmal einen "Sport" (jede Bewegungsform gemeint, vom Ballett bis zum Wasserball usw.) ausprobierst, der genau deinen Wünschen entspricht? Vielleicht ist ja sogar einmal der Wunsch da, Reitunterricht zu nehmen oder an einer Kletterwand deine Geschicklichkeit zu testen oder träumst du seit Kindertagen einmal so richtig schön elegant Tanzen zu können, vielleicht sogar Ballett. Weg vom Trend hin zu deinem Wunsch"sport".

Informiere dich im Internet, wo es in deiner Nähe "deinen Sport" gibt. Du kannst ja auch eine Freundin mitnehmen und es zu zweit ausprobieren. Und nun für alle die, die Sport hassen. Nutzt diese Seite und formt sie auf eure Wunschseite um. (Siehe nächste Seite!)

Mein Wunsch wäre es

einmal_____auszuprobieren?

Warum?

_____

_____

_____

_____

Lieber alleine oder zu zweit oder zu mehreren?

_____

_____

_____

Gibt es dies in meiner Nähe?

_____

_____

_____

_____

_____

_____

_____

Meine erste Stunde

von_____war_____, ich werde es

wieder ausprobieren / es war nett, aber doch nicht meins.

**SPORT?! - NEIN, DANKE.** Hier kommt meine Wunschseite, was ich stattdessen schon immer einmal ausprobieren wollte.

Hier nun Unmengen von Platz, für alle die, die Sport nicht mögen. Oder vielleicht lieber im Fernsehen ansehen, als selbst zu "turnen" (was ich übrigens manchmal gut verstehen kann ;D). Vielleicht möchtest du ja einmal eine neue Sportsendung im Fernsehen ansehen oder du befasst dich komplett mit etwas Neuem, wie einer neuen Sprache oder ähnlichem. Hier ist genügend Platz deiner "geheimen und noch unentdeckten" Leidenschaft auf die Spur zu kommen.

Mein Wunsch wäre es

einmal_____auszuprobieren?

Warum?

_____

_____

Lieber alleine zu zweit oder doch zu mehreren?

_____

_____

_____

_____

Gibt es dies in meiner Nähe?

_____

_____

_____

_____

_____

Wann werde ich es ausprobieren und was brauche ich

dazu:_____

_____

_____

_____

# NATUR-HINAUS IN DIE NATUR

Hast du dir schon einmal einfach die Zeit genommen und hast einfach mal nichts getan? Aus dem Fenster dem Regen zugesehen oder dich auf deine Terrasse oder Balkon gesetzt und zugekuckt, was dein Garten so macht. Die Vöglein singen, Käfer brummen an dir vorbei. Das ist Entspannung pur. Mache diese "Übung" immer wieder, einfach so und vor allem gerade auch dann, wenn du für irgendwas Zeitdruck hast. Dann stoppe bewusst und lass alles liegen. Manchmal kostet dies durchaus etwas Mut, aber den hast du, dass weiß ich. Tanke Entspannung, fülle jede Zelle ganz voll damit. Du wirst sehen, wie viel Energie du dann wieder hast.

Heute habe ich ganz bewusst einmal nichts gemacht. Was war das "nichts" und wie hat es sich angefühlt:

# NATURPUR TEIL 2, Garten, Schmetterlinge, Bienchen, Hummeln...

Hast du schon einmal so richtig gegärtnert? So richtig meine ich, dir ein Projekt gesucht und etwas geschaffen? Und damit meine ich keine Pflanzen rausreißen oder schlimmer. Nein, sondern etwas Neues für deinen Garten und dessen Tieren getan? Wie wäre es, wenn du dir ein Insektenhotel baust oder dir eine Schmetterlingstränke kaufst? Tue etwas für die Tiere in deinem Garten und sie werden dir dankbar sein und etwas für deine Seele tun. Kaufe bewusst Pflanzensamen für Bienen und Schmetterlinge oder fertige einen kleinen Steingarten für Echsen und andere kleine Bewohner an. Denn Entspannung hat nicht immer etwas damit zu tun sie alleine zu gestalten, sondern sie kann auch entstehen, wenn du etwas Gutes für andere tust.

Schreibe hier rein dein zukünftiges Gartenprojekt, zeichne es auch ein und vor allem, für welche Tierart es sein soll. Viel Spaß dabei!

Mein Projekt

heißt:_____

_____


Es ist für folgende

Tiere:_____

_____

_____

_____

_____


Was benötige ich

hierzu:_____

_____

_____


Wo ist der beste Platz dafür in meinem Garten oder auf meinem

Balkon:_____

# NATURPUR TEIL 2, Garten, Schmetterlinge, Bienchen, Hummeln...

Zeichnung von meinem Projekt und den Tierchen:

# FILMPARTY!!

Oh, fernsehen? Werden jetzt viele denken. Und ich sage ja. ;D Denn es kommt immer darauf an, was wir uns ansehen. Deshalb machen wir jetzt eine Reise in unsere Kindheit. Was war unser Lieblingsfilm oder ist jetzt unser Lieblingsfilm? Wann haben wir diesen zuletzt gesehen? Es wird Zeit, unserer Seele mal wieder diese Wohlfühlmomente zu schenken, wenn wir einfach unsere Lieblingsdvd in den Player schieben, uns gemütlich auf dem Sofa platzieren und vielleicht auch noch sogar etwas Gutes zum Essen dabei haben. Plane eine richtige Filmparty. Entweder für dich alleine oder für deine Freunde und dich. Gehe bewusst davor einkaufen. Was könnte schmecken, was wäre fein für euren/deinen Lieblingsfilm/-serie. Und dann Film ab!


Mein Lieblingsfilm/- serie

ist:_____

Mein Lieblingscharakter ist

darin:_____

Darum mag ich diese Serie / Charakter so

gerne:_____

_____

_____

# NÄHE DIR EIN GLÜCKSTÄSCHCHEN ODER GLÜCKSKISSCHEN

Vielleicht regnet es heute ja wunderhübsch gemütlich, oder die Sonne scheint verlockend schön im Garten. Such dir ein richtig tolles Plätzchen für diese putzige Entspannungs"übung". Sammle wunderschöne Dinge aus der Natur oder besprühe ein Taschentuch mit deinem Lieblingsduft. Oder hast du einen Lieblingsspruch oder Wort, schreibe diesen auf ein kleines Zettelchen mit schöner Schrift. Und dann suchst du dir einen putzigen Stoffrest, so um die 10 x 10 cm oder gerne auch größer. Nähe dir ein kleines Glückstäschchen oder Glückskissen und fülle deine liebsten Sachen darin hinein. Verschließe es mit einem großen Knopf und einer Kordel als Schließe. So kannst du die Dinge immer wieder herausholen, in die Hand nehmen, vielleicht auch daran riechen und entspannen. Trage das kleine Täschchen immer bei dir. So hast du deine kleine Glücksentspannung immer für jeden Moment parat. Vielleicht entspannt dich auch schon einfach der Gedanke, dass du es immer bei dir hast. Du kannst auch gerne zwei Glückstäschchen nähen und eines einem lieben Menschen schenken. Und nun an Nadel und Faden!

In mein Glückstäschchen kommt mit ganz viel Liebe

hinein:_____

_____

_____

_____

_____

Warum hast du gerade diese Dinge gewählt, was ist an ihnen so

besonders:_____

_____

_____

_____

_____

_____

_____

_____

_____

Beschreibe es ganz genau, wie es sich anfühlt, wie riecht es und

was bewirkt es für

dich:_____

_____

_____

__________

_____

_____

_____

_____

_____

_____

# WORTE FÜR PURE ENTSPANNUNG

Worte "sagen" so viel und vor allem können sie auch entspannen. Gibt es ein Zitat, das dich so richtig zum Lachen bringt. Das dich wohlig seufzen lässt und dein Herz berührt. Vielleicht ist es auch nur ein einziges Wort, dass du gerne hörst und was deine Gedanken in witzige Bilder packt. Wie Katzenminze, Hulahupreif oder Sandkuchen... Überleg einmal, was deine Gedanken so richtig entspannt und schreibe dein Lieblingsgedicht, - zitat oder auch einfach nur ein Wort hier in wunderschönen Farben, schön gestaltet oder gemalt hier rein. Deiner Kreativität sind keine Grenzen gesetzt. Fröhliches Schreiben!

# ÜBER MICH UND MEINE ENTSPANNUNG HABE ICH GELERNT...UND WAS ICH SONST NOCH SO AUSPROBIEREN MÖCHTE

Hier hast du nun ganz viel Platz, aufzuschreiben was du über dich und über deine Entspannung gelernt oder herausgefunden hast. Und vor allem was dir noch alles Entspannung und Erholung bringen kann. Viel Spaß beim Eintragen!

_____

_____

_____

_____

_____

_____

_____

_____

_____

_____

_____

# UND...

Hättest du gedacht, dass in sooo vielen klitzekleinen Details Entspannung steckt? Es gibt unzählige weitere Varianten sich im Alltag wunderhübsche Ruheoasen aufzubauen. Wahrscheinlich ist es dir jetzt bewusst, dass Entspannung fast überall zu finden ist, sogar mit deinen Sinnen. Hab Vertrauen in deine Intuition, probiere Neues aus und entscheide dich auch dagegen, wenn es nicht zu dir passt. Deine Entspannung sollte zu dir passen wie ein maßgeschneidertes, wunderhübsches Bekleidungsstück, sozusagen wie deine zweite "Haut". Nun wünsche ich dir ganz viel Freude beim "Tragen" deiner neugefundenen Entspannung und mit diesem Buch hast du immer wieder die Möglichkeit, darin herum zu blättern und gemütliche Päusschen für dich zu schaffen.

Love, Irmi

LÄCHLE.... :D